AF555606

DIEU, LA CHOSE VILE ET VOUS

DIEU, LA CHOSE VILE ET VOUS

MARCUS J. A. LEJEUNE

ISBN: 979-8-88640-172-1 (sc)
ISBN: 979-8-88640-173-8 (hc)
ISBN: 979-8-88640-174-5 (e)

One Galleria Blvd., Suite 1900, Metairie, LA 70001
1-888-421-2397

TABLE DES MATIERES

CHAPITRE I

INTRODUCTION

Dieu ne choisit jamais les critères de l'apparence pour que son travail se réalise. Si tel avait été le cas, il aurait choisi les sages selon la chair, les puissants et les nobles de ce monde afin de réaliser ses desseins. Vous devez vous souvenir chers lecteurs, que les sages selon la chair, les puissants, et les nobles de notre monde, se glorifieraient de tout ce que Dieu aurait accompli par leur entremise. Dans ce contexte, le Tout-Puissant n'aurait pas été connu des hommes, et personne ne le glorifierait pour ce qu'il est en réalité.

L'homme, cette poussière qui s'agite, est entièrement vaniteux et présomptueux. Il oublie presque toujours, que toute gloire dans ce monde est éphémère, et que toute brillance n'a pour durée de vie que la clarté fugitive du soleil, lorsque le crépuscule couvre la terre et la caresse de sa main fraîche.

Les forts de ce monde sont tous dévorés par l'égocentrisme. Leurs cultes de glorification bousculent et anéantissent l'exposition de la grandeur du Tout-Puissant. L'exposition du « moi » de l'homme, l'entraîne souvent à oublier ce qu'il fut à l'origine. Le premier exemple que nous avons face à ce que nous venons de dire ci-dessus est le cri de Nebucadnesar : « N'est-ce pas moi qui ai bâti Babylone, la grande ! » Ce personnage n'était rien et ne serait jamais parvenu à gouverner le monde, si Dieu n'avait pas fait choix de lui pour être la verge qui devait juger et punir les nations de ces temps si lointains (Es. 5 : 24-30 cp De. 28 : 49-50 cp Jér. 6 : 22-23 cp Jér. 4 : 1-18 ; Jér. 1 : 1-15 ; 27 : 1-22 cp Da. 4 : 19, 27-28, 30).

La gloire de Dieu est souvent balayée par des leaders insensés qui oublient que dans le passé ils avaient élu domicile dans les bas-fonds de la société. Comme les grands de ce monde selon la chair qui s'appuient sur la vigueur des chevaux sur lesquels ils sont montés, ils font outrage à la noble bonté du Seigneur qui exerce sa suprématie sur tout ce qui bouge et qui respire. Donc, pour toutes ces raisons, Dieu, pour accomplir ses desseins, utilise toujours les choses viles, faibles et souvent méprisables afin que personne ne se glorifie devant lui (1 Cor. 1 : 26-31). J'ai senti, bien-aimé, après avoir lu ces quelques versets du premier chapitre de l'épître de Paul aux Corinthiens que quelque chose devait naître. Alors, inspiré par l'Esprit, j'ai ressenti du fond de moi-même que ce devait être : « Dieu, la chose vile et vous ». Dans cette brochure, vous verrez qu'à chaque fois que nous aurons à analyser la chose vile, nous mettrons en évidence l'instrument utilisé, la personne, sa foi et sa sanctification.

CHAPITRE II

LE BATON DE MOISE

Devant la Mer Rouge, d'une rive à l'autre, la distance à parcourir afin de rendre la traversée effective est d'un (1) kilomètre. Cette distance peut déjà nous faire comprendre qu'à cause de la profondeur des eaux, le peuple qui suivait Moïse, et qui n'avait ni barque, ni voile, aurait été emporté par des vagues et finalement englouti sous les algues et les goémons verts.

Derrière eux qui étaient face à la mer, arrivait la grande armée de Pharaon, la plus grande de toute la terre en ce temps-là, et fraîchement sortie de la défaite des dix (10) plaies.

Montés sur les meilleurs chars de combat de ces temps lointains, ces milliers de soldats faits pour la guerre, s'étaient lancés à la poursuite des enfants de Dieu afin de faire ripaille de leurs dépouilles. La haine, le désir du carnage se voyaient dans leurs yeux et la fumée de la vengeance sortait de leurs narines. Le peuple saint, poussé vers la mer, et ne voyant aucune sortie salvatrice, tomba dans la déraison et commença à pousser des cris de détresse ; ceux des désespérés quand ils voient venir la mort. C'était un affreux spectacle aux senteurs lugubres. Moïse voyant cela, leur parla en ces termes : « Israël, restez en place et gardez le silence, l'Éternel combattra pour vous. N'oubliez jamais ce jour, car les Égyptiens que vous voyez aujourd'hui, vous ne les verrez plus jamais ! »

Ayant ainsi parlé, la voix de l'Éternel tonna aux oreilles de Moise et lui demanda : « Qu'as-tu dans ta main » ? Et Moise répondit : le bâton. Tends-le sur la mer ! Il fit ce que Dieu lui avait ordonné, la mer s'ouvrit et tout Israël passa à pied sec, à main levée et à bras étendu. C'était un miracle plus que merveilleux et comme il n'en eut jamais auparavant. Heureux sont ceux qui, ce jour-là, furent témoins du combat de Dieu pour sauver son peuple (Ex. 14 : 13 – 17).

CHAPITRE III

LE BATON DE MOISE DEVANT LA MER ROUGE

Face à cette distance, face à cette mer profonde et sauvage que pouvait faire un morceau ou un bout de bois ? Qu'avait ce bâton pour qu'il fît passer Israël au milieu de la Mer Rouge sans aucune perte en vies humaines et en bétail ? Face à l'ampleur du danger qui menaçait d'anéantir toute la race d'Abraham, de quelle utilité pouvait être le bâton d'un berger de Madian, fils d'Amram et de Jokébed ? La Bible ne dit-elle pas que Dieu choisit les choses viles pour confondre les sages de ce monde ? Ceux qui suivaient Moïse, et qui étaient sages à leurs propres yeux, l'ayant vu étendre sa verge sur la mer, à un moment où il devait penser à des tranchées ou à des retraites, crurent indubitablement qu'il était devenu fou. Comment était-ce possible de combattre la plus grande armée du monde avec un si vil objet ? Raisonnablement, face à Israël en fuite, parvenu devant la Mer Rouge où il n'y avait aucune retraite, ce bâton, en leur faveur ne devait avoir aucun impact protecteur, mais ce fut le contraire qui se produisit : il ouvrit la mer et Israël passa.

Les magiciens de ce monde possèdent des bâtons qui sont liés mystiquement et qui ne sont pas d'une grande efficacité à tous les coups. Ceux de Jannès et de Jambrès, ne furent-ils pas avalés par celui de Moïse, après avoir été tous les trois métamorphosés en serpents ? Il faut ici reconnaitre que celui de Moïse, était plus puissant que les leurs et que ce fut une grande avanie pour eux d'avoir été battu par un petit Israelite qui, selon Pharaon, se vantait d'être un envoyé de Dieu. Toute la sagesse mystique de l'Egypte, coiffée d'un hermétisme absolu, et vantée par des prêtres aux pouvoirs obscurs, fut avilie ce jour-là. Le royaume des ténèbres reçut un coup violent sur la nuque par un vil objet : un bâton de berger (Ex. 14 :16 - 31).

Chapitre IV

LE BATON QUI FRAPPA LE ROCHER

Le bâton de Moïse n'était pas un gourdin porté par un soldat, ni non plus un instrument de châtiment, mais le symbole d'une autorité venant de Dieu. Si les bâtons des devins et des magiciens sont liés par des démons, (Ex. 7 : 12 cp Os. 4 : 12) celui de Moïse (Ex. 4 : 20) qui mettait en évidence son autorité, et aussi, celui d'Aaron qui garantissait la prêtrise lévitique (No. 17 : 1- 12 cp Hé. 9 : 4) n'étaient imprégnés d'aucun esprit mauvais.

Cette marque d'autorité sans la sanctification de Moïse n'aurait servi à rien, de la même façon qu'une Bible en main ne peut sauver le pécheur récidiviste. Pourquoi Ophni et Phinées ne purent-ils pas battre les Philistins? Tout simplement parce qu'ils étaient des hommes iniques. Ils méprisaient les sacrifices qu'on venait offrir à l'Éternel. Ils commettaient l'adultère dans le temple et éloignaient le peuple de Dieu. Ils respectaient l'arche plus que l'Éternel. Elle était pour eux comme un fétiche. Ces deux fils d'Elie qui s'étaient éloignés de Dieu, n'avaient pas compris que sans la sanctification réclamée par le Seigneur, la présence de l'arche sur les champs de batailles aurait été stérile. Israël ne put ce jour-là remporter la victoire, car en son sein sévissait l'iniquité. L'arche n'était pas Dieu, mais un objet qui symbolisait sa présence. En dépit du symbolisme, il n'était rien, à cause du bannissement de la sainteté.

J'ai ouvert cette parenthèse afin de vous faire comprendre que, le bâton de Moïse, seul ne pouvait pas faire sortir l'eau du rocher après l'avoir frappé, si ce serviteur n'avait pas été fidèle dans toute la maison de Dieu (Hé 3 :5). Le miracle tant spirituel que physique ne se produira pas sans le secours de la sanctification. Si cela se faisait, il nous faudrait aussi croire que la source est diabolique. A Horeb, l'Éternel était debout sur le rocher. Alors, dites - moi, comment l'eau pouvait-elle ne pas sortir ? L'Éternel dit à Moïse : « Je me tiendrai devant toi… » (Ex.17 :1-7). Comment expliquer encore cette grâce sans mettre en évidence la sainteté du fils d'Amram et de Jokébed ? Lorsque la sainteté enveloppe le vilain ouvrage (Moïse), elle le rend glorieux (Deut. 34 :10-12). A Kadès Meriba, Moïse fut surpris par le péché (Ga 6 :1). Cette faute due à une colère n'avait pas été préméditée. Le fils de Jokébed méritait un redressement « Katartizo.gr » (Gal. 6 :1), mais Dieu en a jugé autrement parce qu'il n'a pas été sanctifié lorsque l'eau sortait du rocher de Kadès qui ne devait pas être frappé (No. 20 :1-13). Laissez-moi vous dire qu'en ce qui concerne la sainteté de Dieu, il n'existe même pas une ombre de pollution, et qu'aucun être n'est jamais trop proche de lui pour être exempt de sa punition ». Lorsque le Seigneur commande, nous devons exécuter ses ordres avec soin, afin d'éviter la mort sur la montagne de Hor (No. 20 : 21-29), ou sur le mont Nébo (Deut. 32 : 48-52). Pour s'être fourvoyé un tant soit peu, c'est une façon de dire que lorsqu'on se détourne même involontairement de Dieu, on peut payer les frais. Cela, ne l'oubliez jamais. Sachez, chers lecteurs, que ce fourvoiement de Moïse à Kadès, qui n'a duré que quelques poussières de secondes, n'affecta en rien la fidélité de Moïse. Et, c'est pour cette raison, qu'en dépit de cela l'épître aux Hébreux (Héb 3 : 5) fait l'éloge de sa rectitude ou encore de son intégrité. La Bible sous l'oreiller, ouverte sur la table, n'empêchera pas les démons de perturber vos nuits si vous, vous ne vivez pas dans la sanctification. Dans ce domaine, les luttes, qu'elles soient physiques ou spirituelles, le fétichisme ne vous sera d'aucun secours. Nul être vivant ne peut combattre le visible envouté et les forces des ténèbres avec la chair et le sang. C'est à genoux, ou debout, avec les yeux fermés et les mains levées qu'on peut vaincre le prince des ténèbres et toutes les étoiles qui sont tombées avec lui (Apocalypse 12 : 3 - 4).

CHAPITRE V

DAVID ET SA FRONDE

C'est toujours l'Éternel qui délivre et non pas le libérateur lui-même. On oublie souvent, que celui qu'on vénère après une victoire, est un être fait de chair, d'os et de sang, et qu'il est très limité dans ses actions et dans le temps. Celui qui ne réprimande pas la foule en liesse dans de pareils cas, finit par perdre Dieu. La perte du Seigneur entraîne de façon effrénée celle de sa faveur et de sa puissance.

Nous représentons toujours la chose vile que l'âge finit par abimer. Les années qui passent font de nous un vilain ouvrage. Nous ressemblons, à cause d'une inévitable fatalité, au sceau qui se brise sur la source, et à la roue qui se casse sur la citerne, à force d'en avoir fait trop longtemps usage (Eccl 12 : 8). Donc, dans ce contexte, la chose vile ne mérite pas d'être glorifiée, vérité que l'intelligence humaine ne peut intercepter à cause de sa trop grande défectuosité datant de la chute d'Adam en Eden.

La victoire de David contre Goliath, ne réside pas dans les choses viles du verset 4 de 1 Samuel 17 qui sont : son bâton, ses cinq pierres choisies du torrent, sa gibecière de berger et sa fronde. Ces choses-là étaient trop peu pour assurer sa victoire face à un rude soldat, que l'expérience, les fers et les guerres de longues durées avaient forgé. Où résidait la foi de David ? Où avait-il trouvé cette conviction de pouvoir à jamais faire disparaître l'ennemi qui troublait la paix d'Israël et qui faisait fuir l'armée de l'Éternel, chaque fois qu'il sortait des rangs pour lancer un défi que personne ne pouvait lever ? (1 Sam. 17 : 1-11 et 16, 23, 24).

Premièrement, vous pouvez constater que, très jeune, David combattait déjà des créatures plus féroces que le meilleur des guerriers, et remportait toujours la victoire. C'était avec une sainte fierté qu'il avait répondu au roi Saül, que chaque fois qu'un lion emportait une de ses brebis, il le poursuivait, lui ouvrait la gueule et lui enlevait sa proie grâce à l'Éternel. Donc, Dieu qui l'avait toujours délivré des griffes des lions, lui donnerait aussi la victoire sur Goliath, le Philistin, sans l'aide des armes de Saül.

Deuxièmement, il avait, avant d'affronter Goliath, été oint par le prophète Samuel, ce qui lui avait donné l'assurance qu'il ne pouvait mourir dans sa joute contre le Philistin, puisqu'il serait le prochain roi d'Israël. Si cela arrivait, Dieu aurait failli ou manqué à sa parole, ce qui donnerait lieu de douter de l'omnipotence, de l'omniscience et même de la préscience de Jéhovah. Donc, celui qui combattait Goliath le faisait par la foi en connaissance de cause (1 Sam. 17 : 26 et 31-37). A partir de ce fait, vous pouvez, chers lecteurs, mieux comprendre David lorsqu'il dit, voyant le Philistin s'approcher de lui : « Tu marches contre moi avec l'épée, la lance et le javelot ; et moi, je marche contre toi au nom de l'Éternel des armées, du Dieu de l'armée d'Israël, que tu as insulté … » (1 Sam. 17 : 38-58).

Bien-aimés dans le Seigneur, c'était en marchant au nom de l'Éternel, que David put couper la tête de Goliath ; l'ennemi qui inspirait à Israël la crainte et la peur. Vous devez aussi retenir que celui qui combattait le géant était selon le coeur du Seigneur et que sa sanctification n'avait pas été mise en doute et qu'il était agréable au Père et au Fils et au Saint-Esprit. Cela aurait été une erreur de glorifier les choses viles qu'il avait utilisées afin de mettre un terme à la peur qu'inspirait l'adversaire. Dans cette affaire là, ce n'était pas David qui, grâce à sa force, triomphait, mais l'Éternel.

Vous qui lisez ce livret, sachez que vos ennemis, quoique forts et puissants, ne tiendront pas devant vous. Vous seuls, ne les combattez pas, mais livrez-les, au nom de Jésus, des batailles frontales et obliques. À vos yeux ils peuvent être grands, mais aux yeux du Seigneur, ils sont petits et insignifiants. Vous n'avez rien entre vos mains pour lutter contre un ennemi qui croit en sa force. Si l'arme que vous possédez est une chose vile, si cela arrivait, rapplez-vous que votre fidélité et votre sainteté plaideraient en votre faveur, et l'Éternel combattrait pour vous, comme il l'avait fait pour son serviteur David. Personne n'avait vu le fils d'Isaï derrière les moutons de son père. Ce n'était pas à cause de son profond amour pour ces bêtes que Dieu l'avait remarqué. Dieu n'utilise jamais ce qui s'est passé pour bâtir le futur. La causalité (cause à effet) n'a aucun impact sur lui. Avant de dire au prophète qu'il avait vu parmi les fils d'Isaï celui qui remplacerait Saül, il avait déjà, selon son prothésis, vu ce beau petit berger qui était prêt à risquer sa vie pour effacer le déshonneur fait à l'armée de l'Éternel (1 Sa. 17 : 41-42).

N'a-t-il pas déclaré à Jérémie qu'il le connaissait déjà avant que sa conception ne commençât ? (Jér. 1 : 5) Le Nouveau Testament ne parle-t-il pas le même langage ? (Éph. 1 : 4-5). Donc, avant de devenir, par sa volonté et par sa prédisposition, ce que nous sommes aujourd'hui, sans que nous n'eussions besoin nous-mêmes de nous aider à le devenir, quoiqu'il advienne, Dieu nous avait déjà vu et élu. Notre Dieu fut obligé d'exposer cette grande vérité à Jérémie, afin de faire disparaitre la peur du peuple qui l'habitait lorsqu'il fit appel à lui. Lisez chers lecteurs, et comprenez, afin que vous n'ayez plus peur, et que vous soyez comme David qui, au beau milieu de la tempête avait placé toute sa confiance en son Dieu. Bannissez de votre coeur toute la crainte qui pourrait affaiblir votre foi. Enfin soyez sans peur et sans reproche au milieu du danger même lorsqu'il est imminent, car votre sainteté plaidera pour vous comme elle a plaidé en faveur de l'apôtre Paul, lorsque les vagues sauvages de la mer méditerranéenne brisèrent le navire qui le transportait à Rome (Ac. 27 et 28).

Chapitre VI

(Coup d'œil) SAMSON ET LES CHOSES VILES

L'homme est pareil à un champ de maïs verdoyant pour avoir été bien arrosé par les eaux de pluie. Sa beauté et sa verdure disparaissent, quand est venu le temps de la moisson. La gloire de l'homme est éphémère et ceux qui la vénèrent finissent toujours par sombrer dans la confusion pour avoir oublié sa provenance et le vain orgueil de celui qui la possède. Samson, doté d'une force indomptable, avait oublié qu'il était une pincée de poussière, évoluant dans un univers trop grand pour lui. Peut-être qu'il se croyait invincible et avait indubitablement pensé que rien ne pouvait l'abattre ? Peut-être s'était-il pris pour un dieu ? Avait-il oublié qu'on finit toujours par adopter, tel David dans l'affaire de la transportation de l'arche, une attitude païenne pour avoir vécu trop longtemps parmi les infidèles ? (1 Sa. 27 et 29 cp 1 Sa. 6 :7-9 cp 2 Sa. 6 : 1-7).

Bien-aimés dans le Seigneur, quand on se lie d'amitié avec l'ennemi de Dieu, la mission qui nous a été confiée ne s'accomplira pas, et on finira misérablement. L'exemple le plus frappant que nous avons dans la Bible, est celui de Saül qui se lia d'amitié avec Agag comme s'il voulait le faire asseoir sur son trône à côté de lui (1 Sa. 15 : 8-33). Cette deuxième désobéissance, tout de suite après le drame du sacrifice offert à la place de Samuel, lui couta le trône (1 Sa. 13 : 8 – 14).

Dans le cas de Samson, son orgueil, sa naïveté, son ignorance de Dieu, sa faiblesse amicale feront de lui aux yeux de Dieu et de la postérité un piètre serviteur. Comme nous l'avions déclaré plus tôt, sa trop grande force le fit peut-être croire qu'il était à jamais invincible. Il avait peut-être été trop adoré, tandis qu'il n'était rien. Tout ce qu'il avait été, venait du Seigneur. Lui, un seul homme, pouvait-il, avec une mâchoire d'âne, tuer mille hommes ? À la place de cette arme bizarre, c'était l'Eternel qui agissait. Avec une arme insignifiante, seule la puissance de Dieu pouvait réaliser un tel exploit. Un choisi de Dieu, ne meurt jamais avant son heure, fut-il entouré de milliers de soldats.

Lorsque les Moabites, les Ammonites et les Edomites s'unissèrent pour envahir Juda, Josaphat dans sa frayeur chercha l'Eternel, publia un jeûne pour tout Juda et pria en ces termes : « Ô notre Dieu, n'exerceras-tu pas tes jugements sur eux ? Car nous sommes sans force devant cette multitude nombreuse qui s'avance contre nous et nous ne savons que faire, mais nos yeux sont sur toi » (2 Chron. 20 : 12). Les guerriers de l'Ancien Testament à la différence de ceux des Grecs, ne comptent pas sur la force de leurs bras, mais sur la puissance de Yahvé qui, toujours, leur donne la victoire sur l'ennemi en furie. Le soldat qui combat l'orgueil, et qui ne veut pas risquer de perdre la faveur de son Dieu, sait toujours qu'il n'a pas été la cause de sa victoire. C'est dans ce contexte que les versets 14 et 15 de 2 Chroniques 20 ont été écrits : « Alors l'Esprit de l'Eternel saisit au milieu de l'assemblée, Jachaziel, fils de Zacharie, fils de Benaja, fils de Jeiel, fils de Matthania, Lévite, d'entre les fils d'Asaph. Et Jachaziel dit : Soyez attentifs tout Juda et habitants de Jérusalem, et toi, roi Josaphat ! Ainsi vous parle l'Eternel : Ne craignez point et ne vous effrayez point devant cette multitude nombreuse, car ce ne sera pas vous qui combattrez, ce sera Dieu. » (2 Chron. 20 : 14-15).

Donc, mes bien-aimés, Samson, parait-il, n'avait pas compris cette grande vérité. Ce n'était pas un serviteur à genoux qui contemplait Dieu et l'admirait en priant. Il était beaucoup plus attaché à la terre qu'aux choses célestes. Dans ce contexte, nous pouvons affirmer qu'il n'avait pas toujours comme Moïse (Deut. 9 : 17-20) expérimenté le « koinonia », c'est-à-dire cette intimité, cette communion avec le divin. Du chapitre 13 jusqu'au 16e, nous avons sous nos yeux un appelé qui ne s'était pas donné à Dieu. Un élu sans intérêt, sans consécration, et sans amour pour l'Éternel et pour son peuple. Il s'adorait lui-même et glorifiait la chose vile qui était en lui : sa chevelure. Même quand ses cheveux avaient crû à nouveau, il n'était plus le même homme qu'il avait été auparavant. Il n'avait plus de vision, il trébuchait et se mouvait à peine. Tout lui manquait, sa balance, sa stabilité et même, il devint la risée de tous, et ne pouvait plus espérer accomplir sa mission.

(Juges 16 : 21-27). Ce fut seulement à ce moment-là que Samson comprit que les choses sur lesquelles il s'était appuyé pour se faire remarquer et admirer étaient vaines et viles. Lui, qui était si grand autrefois, si joyeux et frivole, était à présent soutenu et mené par un jeune homme (Juges 16 : 26). Seulement à la fin de sa vie, on sentit, qu'il comprit enfin, que tout ce qu'il avait été auparavant, venait de Dieu, puisqu'il était obligé de redemander sa force, malgré que ses cheveux recommencèrent à croitre (Juges 16 :28). Ainsi finissent tous ceux qui se prennent pour ce qu'ils ne sont pas (Juges 16 :29-31). Comme des pierres avalées par l'océan, ainsi finit Samson englouti par les tourbillons de joies hypocrites des philistins. Sur la scène de la vie, nous avons vu des êtres, qui paraissaient certains d'eux-mêmes, emprunter des voies qui ne menaient nul part. Nous avons compris par là que l'homme sans Dieu, après le drame d'Éden n'a pas cessé de chercher en vain sa voie, sa balance et sa stabilité dans un monde devenu instable. Étant devenue une particule insignifiante, sa pérégrination consiste à se rattacher au cosmos. Cette fusion et cette harmonie qu'il perquisitionne est une chimère, puisque c'est par la seule voie de la philosophie qu'il pense y parvenir. Cet orgueil, a poussé l'homme à accepter un fatum cruel sans l'aide du Divin, en se basant sur un « gnosis » obscur, relatif à une existence enflammée temporairement sur terre et éternellement après le grand trône blanc. (Apoc. 20 : 1-3 cp 20 : 7-14).

L'histoire de Samson nous fait comprendre que l'arme d'un appelé pour l'accomplissement de son oeuvre demeure la sanctification. La repentance du fils de Manoach, avant de quitter cette terre sécurise, certes, son âme pour l'éternité (Juges 16 : 28) mais, ne doit pas être vue comme étant une doctrine, car ceux qui pensent pouvoir tromper Dieu en attendant leurs dernières heures pour se repentir, n'ont jamais réussi à le faire. Le salut, c'est aujourd'hui, pas demain (Jean 5 : 24). Et qu'on se rappelle aussi, que nous ne faisons pas parti de ceux qui se retirent pour se perdre (Héb. 10 : 39).

CHAPITRE VII

NINIVE ET LA CHOSE VILE

Cent cinquante ans avant l'envoi de Nahum à Ninive Dieu appela un prophète qui vécut au temps de Jeroboam II (2 R. 14 :25), et lui confia une noble mission. Il nous faut soutenir, en passant, qu'il eut le privilège d'avoir été le premier missionnaire en pays étranger. (Les Commentaires de C.I. Scofield). Ce prophète, fils d'Amitthaï, et dont le nom signifie « colombe », était Jonas. La Bible rapporte qu'il refusa de se rendre au pays des Assyriens, car ces derniers étaient sanguinaires, impitoyables et impérialistes. Ninive était une menace constante pour Israël. Pour toutes ces raisons, ce messager, porteur d'un message dont le but avait été d'aider ce peuple à mettre un terme à ses iniquités, ne voulait pas s'y rendre. Comment un serviteur tel que Jonas, ne pouvait-il pas comprendre, que ce fut une noble grâce, pour avoir été choisi pour l'accomplissement d'une oeuvre si merveilleuse ? Comment a-t-il pu espérer s'opposer à Dieu en mettant sa confiance dans une embarcation vile afin de se soustraire au regard du Tout-Puissant ? Sa haine contre ce peuple l'empêcha de jouir de la bonté sans égale de la miséricorde du Seigneur. En agissant ainsi, en rendant le mal pour le mal, il était devenu comme eux, un méchant. Dans cette affaire-là, son manque d'humilité, son orgueil en tant que juif descendant d'Abraham, avait fini par le faire devenir quelqu'un que Dieu n'allait pas tolérer. Son protectionnisme était contraire à la volonté salvatrice de Dieu qui projetait son amour pour un autre peuple au-delà des frontières d'Israël. Comment avait-il pu croire qu'en allant se cacher à Tarsis, il finirait par tromper les yeux de l'Eternel ? Qu'est-ce que Tarsis ? Un grain de poussière dans un univers trop grand pour l'homme, mais tout petit pour le Créateur (Job 1 :3). Jonas était une petite chose vile qui, sur le terrain de la rébellion, croyait pouvoir gagner contre Dieu. Sa présence sur le navire qui le transportait à Tarsis, mit tout l'équipage en danger (…) et les marins par crainte de l'Eternel, le jetèrent à la mer. Etant enseveli par les vagues, il fut avalé par un grand poisson dans le ventre duquel il se repentit (Jo. 1 : 4-16, 2 : 1) et finit par débarquer sur les rives de Ninive (Jo. 2 : 10-11) dans un vulgaire sous-marin fait de chair.

Tout homme devrait savoir que face à Dieu, il est un vase vil, et en tant que tel, il n'y a rien en lui qui soit digne de gloire. L'homme goute à la gloire du Seigneur seulement quand il est sage, humble, obéissant et miséricordieux. Et même quand on l'apprécie, parce que le souffle du Tout-Puissant l'anime, il doit se surveiller afin de ne pas s'emparer de la gloire de son créateur… Si Jonas avait su qu'il était un vase vil, il aurait compris que Dieu, en le choisissant pour délivrer ce message de repentance aux Ninivites, lui avait accordé une grâce imméritée : « celle d'être le courrier du divin Roi ».

Nombreux sont ceux qui s'étaient lancés dans le passé à la perquisition de cette faveur, mais ne l'avaient pas trouvée (Matt. 8 :18-22). Heureux celui qui sait qu'il demeure un ouvrier inutile, après avoir posé un acte que les hommes jugent bon. Ce que Dieu vous a ordonné, c'est ce que vous aviez fait, et que vous deviez faire, et c'est tout (Lc. 17 : 10 cp. Es 64 : 5). Vous êtes faible et sans apparence glorieuse. Tout ce qui est appréciable en vous est l'oeuvre de Dieu. Vous êtes sans défense et pareil à cette paille qui danse involontairement dans le creux de deux vagues sauvages agitées par un vent violent. Donc Jonas n'était rien, mais hélas, il n'a pas su comprendre que le Tout-Puissant était en lui, et que toute gloire devait lui revenir de droit.

Ce chapitre ne met pas seulement en évidence l'histoire d'un messager méchant, désobéissant, et fier. Il expose aussi celle d'un peuple apparemment trop glorieux à ses propres yeux pour se repentir. Un peuple qui finit, grâce à la prédication de Jonas, par revenir sur le droit chemin. Cent cinquante ans plus tard Ninive tombe dans le drame de la rechute. Les Assyriens redevenaient plus méchants, plus cruels, et plus ennemis de Dieu. L'iniquité de ce peuple n'avait pas de borne, pas de limite et pas de frontière. Dieu, cette fois, envoya vers eux Nahum, un prophète du 7e siècle avant Jésus-Christ. Pour toutes ces raisons, on rapporte que son livre est le complément de celui de Jonas. (Les Commentaires de C.I. Scofield).

Chers lecteurs, il faut que vous sachiez que la nation assyrienne du temps de Nahum fut plus orgueilleuse, plus glorieuse et plus impérialiste que celle du temps de

Jonas. Laissez-moi mettre entre guillemet, quelques détails tirés d'un grand rapport historique fait sur cet empire par H.L. Wilmington, afin que vous puissiez comprendre, bienaimés, pourquoi cette ville orgueilleuse et vaniteuse se sentit-elle si en sécurité ? « Ninive fut la capitale et la plus importante ville d'Assyrie. Elle était construite sur la rive orientale du Tigre. Elle était l'une des plus grandes, sinon la plus grande, des villes de l'antiquité. On y dénombrait mille deux cents tours, hautes de plus de soixante mètres chacune ; son mur d'enceinte mesurait trente mètres de haut. Sur le sommet de la muraille, trois chars pouvaient circuler de front. La ville avait une circonférence de cent kilomètres. Elle pouvait faire pousser dans ses murs assez de blé pour nourrir sa population, soit six cents mille âmes. D'après Zénophon, la base de la muraille de la ville était en pierres polies. Le mur de trente mètres de haut avait une épaisseur de dix-sept mètres. La ville abritait un superbe palais ; ses cours intérieures entourées de murs couvraient une superficie de quarante hectares. La toiture était soutenue par des piliers en cèdres reposant sur des colonnes de cyprès incrustés et consolidés par des cercles d'argent et de fer sculptés. Donc, vous comprendrez par-là, que cette ville était imprenable et qu'elle pouvait résister pendant des années aux sièges les plus cruels de ses ennemis sans s'inquiéter au sujet de son lendemain. Cette assurance qu'avait ce peuple de ne pas expérimenter la défaite, fit qu'il méprisât la prophétie de Nahum qui mettait en évidence sa disparition. Ce peuple orgueilleux passait Nahum en dérision, et ne prit pas au sérieux ses paroles qui annoncèrent la fin d'une nation puissante et ennemie de Dieu. Donc, dix-huit ans plus tard, Ninive tomba en l'an

612 avant Jésus-Christ. Elle fut entièrement détruite par une coalition de Mèdes (du nord) et de Babyloniens (du sud). L'histoire rapporte que le roi Nabopolassar, à la tête des armées babyloniennes fit le siège de la ville pendant trois ans. Mais, tous les assauts menés contre Ninive échouèrent. Devant les échecs répétés des assiégeants, les Assyriens à l'intérieur reprirent confiance et s'adonnèrent à des orgies et à des beuveries. Cependant à un moment donné, une crue fit sortir le Tigre hors de son lit ; des flots puissants se fracassèrent contre la muraille de la ville, et finirent par causer une brèche par laquelle s'engouffrèrent les Babyloniens. C'en était fini de la cite orgueilleuse.

Serait-ce par hasard qu'une crue fit sortir le fleuve (le Tigre) hors de son lit ? Serait-ce de façon naturelle que des flots puissants se fracassèrent contre la muraille de la ville, et finirent par causer une brèche, par laquelle s'engouffrèrent les Babyloniens ? Regardez ce que l'Esprit dit par la bouche de Nahum, le prophète, lorsqu'il annonçait la chute de Ninive : « Mais avec des flots qui déborderont il détruira la ville, et il poursuivra ses ennemis jusque dans les ténèbres ». Qui donc est plus sage que Dieu ? Lequel de nous, hommes pleins de faiblesse est plus glorieux que le Très-Haut ? Enfin, qui donc mérite plus que lui qu'on se glorifie ? L'homme est un vêtement neuf, apprécié au début, mais plus tard finit en lambeaux. La cité ninivite avait oublié qu'elle était une chose vile et que sa gloire fut temporaire. Voici ce que, enfin dans ce contexte, déclare H.L. Willmington : « La destruction de Ninive fut si complète, qu'Alexandre Le Grand traversa le site avec ses troupes sans même se rendre compte qu'une ville se dressait là autrefois ! »

Chapitre VIII

DIEU N'IGNORE PAS QUE L'HOMME ADORE SE GLORIFIER

La gloire de Dieu est éternelle, mais celle de l'homme est éphémère. Si la gloire de l'homme le rend orgueilleux, fier, arrogant et méprisant, celle de Dieu, au contraire, nous permet de l'adorer sans aucune crainte, et de contempler avec profonde admiration le saint parfum du sublime et du divin. Après un miracle, les disciples affichaient toujours leur humanité, afin de faire entendre raison à la foule qui voulait les élever au même rang que Dieu. Barnabas et Paul avaient souvent été exposés à cette fausse déification. Toujours, ils déchirèrent leurs vêtements afin de ne pas attirer sur eux la malédiction, en s'emparant d'une gloire qui ne devait appartenir qu'à Dieu seul (Ac. 14 : 8-20). Ceux qui connaissent Dieu, et qui savent qu'ils ne sont rien de par eux-mêmes, agiront toujours comme Paul et Barnabas. Personne ne peut se prendre pour Dieu, ni non plus s'emparer de la gloire qui lui revient de droit. Celui qui le fait, perd sa puissance, devient un être blême au milieu de ses frères, et peut de façon soudaine payer de sa vie (Ac. 12 : 20-24). Le texte nous dit que le roi Hérode mourut parce qu'il n'avait pas donné gloire à Dieu. J'entendis un prédicateur dire un jour : « Pendant que je chassais un démon... ». Je pense, en effet, que ce prédicateur devrait comprendre, que ce n'était pas lui qui chassait ce démon-là, mais le Seigneur Jésus qui vit en lui.

Toute la gloire de l'homme est pareille à un jour. Elle est comme un champ de blé merveilleux que les yeux de l'homme prennent plaisir à contempler, et, que la faucille coupera lorsque sera venu le temps de la moisson. Comme le blé croit et disparait après la moisson, ainsi sont les jours de la jeunesse de l'homme, jusqu'au soir de sa vie. Toute gloire ici-bas est fugace. La lumière du soleil qui resplendit à son zénith, finit par céder sa place à la fraicheur et à l'ombre du crépuscule. Toute vie est fumée et gaspillage. Pourquoi se glorifier de ce que l'on n'a pas fait ? Pourquoi se glorifier quand Dieu en est l'auteur ? Dieu n'ignore pas l'orgueil de l'homme. Il sait qu'il prend toujours plaisir à se glorifier de ce qu'il n'a pas et ne pouvait pas réaliser. C'est pourquoi, lorsque Dieu voulut délivrer Israël de la servitude de Madian (Jug. 7 : 1-6), il dit à Gédéon : « Le peuple que tu as avec toi est trop nombreux pour que je livre Madian entre tes mains ; Israël pourrait en tirer gloire contre moi et dire : c'est ma main qui m'a sauvé. » Rappelez-vous que la victoire du peuple saint (1 Sam. 17 :51) sur les Philistins ne l'incita pas à rendre action de grâce à l'Eternel après qu'on eut coupé la tête de Goliath. Ses cantiques et ses cris de délivrance allèrent tout droit vers Saul et David. Voici ce que dit la bible : « Comme ils revenaient de la guerre, lors du retour de David après qu'il eût tué le Philistin, les femmes sortirent de toutes les villes d'Israël au-devant du roi Saül, en chantant et en dansant au son des tambourins et des triangles, et en poussant des cris de joie. Les femmes qui chantaient se répondaient les unes aux autres, et disaient : « Saül a frappé ses milles, et David ses dix milles. » (1 Sa. 18 : 6-7). Jamais on ne les entendit prononcer un mot en l'honneur de l'Eternel qui les avait libérés des griffes du géant philistin. David seul avait compris que cette victoire venait de Yahvé, le Tout-Puissant. La façon dont il excitait le Philistin avant de lui livrer bataille ne laisse aucun doute. Voici quelles étaient les paroles qui sortaient de sa bouche : « Aujourd'hui l'Eternel te livre entre mes mains, je t'abattrai et je te couperai la tête… et toute cette multitude saura que ce n'est ni par l'épée, ni par la lance que Dieu sauve, car la victoire appartient à lui. Et il vous livre entre nos mains. » (1 Sa. 17 : 46-47).

Si David avait saisi la grande vérité qui expose la faiblesse de la chose vile face aux grands défis, le peuple qui célébrait lui et le roi ne le comprit pas. Donc, ce que Dieu avait dit à Gédéon au 2e verset 7e chapitre du livre des Juges, était une vérité incontestable et enfin une mise à nue de la nature humaine. Afin que son omniscience ne fût pas illusoire pour Jerubbaal qui est Gédéon, Dieu continua de lui parler en ces termes dans le but de lui permettre de comprendre que parmi ceux qui pourraient en tirer gloire contre lui, se trouvaient aussi des peureux qui n'étaient pas en mesure de se battre pour cette noble cause, relative a la liberté du peuple saint. Et le Seigneur lui dit : « Publie donc ceci aux oreilles du peuple, que celui qui est craintif et qui a peur s'en retourne et s'éloigne de la montagne de Galaad. Vingt-deux milles hommes parmi le peuple s'en retournèrent, et il en resta dix milles » (Jug. 7 : 2-3).

Face à la défection de ces vingt-deux milles, je pense que la surprise de Jerubbaal fut grande. Il avait sans doute compris combien il était difficile de détecter ce qu'il y a dans la pensée et dans le coeur de l'être humain. Indubitablement s'était-il dit, comment un leader devrait-il s'y prendre afin d'établir la distinction entre le bon zèle et celui qui est faux... ? Parfois lorsque nous dirigeons une oeuvre pour le Seigneur, nous oublions que les directives ou encore les décisions finales doivent venir de lui et nous commettons toujours l'erreur de choisir ceux qui sont dévoués par intérêt et qui sont animés d'un zèle destructeur. Ils sont, ces trompeurs, souvent là parmi ceux qui ont été appelés afin d'assouvir leur insatiabilité.

C'est une désobéissance grave aux yeux de Dieu. Le leader qui pèche ainsi, fut-il un serviteur à genoux, expérimentera une traversée du désert et des turbulences inégalables au cours de l'exercice de son ministériat. Le zélé par intérêt est une pierre dans une chaussure déjà trop étroite. Si vous commettez un tel péché, aucune prière ne vous sauvera avant d'avoir payé le prix. Seul Dieu jugera quand, le moment sera venu de mettre un terme à cette souffrance. Donc, afin de protéger Gédéon de ce fléau, l'Eternel s'engagea à choisir parmi le restant de son armée de dix milles soldats, ceux qui étaient aptes à se battre pour la délivrance d'Israël et qui jamais, à cause de leur nombre réduit ne pourraient en tirer gloire contre lui. Ainsi, sur l'ordre de Yahvé, Jerubbaal dut faire descendre le peuple restant vers l'eau, afin que lui-même fit le triage. Donc ce fut ainsi que des dix milles restant, trois cents furent choisis par Dieu. Notez frères et soeurs dans le Seigneur, que des trente-deux mille hommes qui se disaient prêts à combattre contre Madian pour la cause de Dieu en faveur d'Israël aux côtés de Gédéon, trois cents seulement étaient sincères. Et, s'ils avaient combattu, après la victoire Dieu n'aurait reçu aucune gloire. Trente-et-un mille sept cents soldats se vanteraient d'avoir chassé les hordes madianites des contrées israéliennes par la puissance de leurs bras.

Les lâches sont avares, parlent beaucoup et se glorifient toujours. Quand le juste se dresse contre la fausseté, eux se proposent constamment de le renverser. L'appelé est celui qui veille à la pureté de la première fondation. Il est à la fois organisateur, aimant et rigide. Il veille sur les champs de Dieu avec amour et sévérité. Constamment à genoux devant Yahvé, il ne dort pas la nuit. Il n'est pas attiré par le gain, mais son grenier est toujours rempli et il vole sans relâche au secours des démunis. Les méchants disent souvent de lui qu'il n'est pas humble, qu'il est orgueilleux, et qu'il fait tout pour se faire voir. Rappelez-vous mes frères et soeurs, que les mangues mûres font qu'on assassine toujours le manguier à coups de projectiles (à coups de pierres). Celui qui a été justifié par le Saint-Esprit ne se vante pas, sachant que cela ne vient pas de lui mais de Dieu. Il ne se glorifie pas, mais la chose vile n'aime pas cela. Elle adore se glorifier, et cela, Dieu ne l'ignore pas non plus. Cependant, tout vrai et humble serviteur devrait savoir qu'il n'y a aucune grâce à se glorifier à la place de Dieu, sachant que sa fin pourrait être pareille à celle de Nebucadnetsar.

CHAPITRE IX

RETOUR A LA RAISON

Cet avant-dernier chapitre met en évidence un roi lent à comprendre la provenance de sa puissance, de son autorité et de son pouvoir sur tous les peuples de la terre. Le fils de Nabonide dit un jour : « N'est-ce pas ici Babylone la grande que j'ai bâtie comme résidence royale, par la puissance de ma force et pour la gloire de ma magnificence? (Da. 4 : 30). Cette déclaration nous montre combien ce roi devenu trop grand à ses propres yeux était orgueilleux. L'orgueilleux emprunte toujours la voie qui mène à la perdition ; et l'orgueil, lorsqu'il consume un être comme le feu ardent brûle le bois sec, est pareil à une rivière qui dévale une montagne. Seul un miracle pourrait faire qu'elle remonte la pente. Celui qui est ravagé par ce ver, ne parvient jamais à regagner le terrain de la sérénité et de l'humilité. Sur le chemin de la vie, j'ai combattu bien des monstres mesquins qui ressemblaient à des hommes. Certains d'entre eux, ont enseigné l'humilité afin d'améliorer le monde des hommes, pendant qu'ils étaient eux-mêmes ravagés par le démon de l'orgueil.

L'être orgueilleux est toujours en quête d'une vaine gloire. Nebucadnetsar avait oublié que ce n'était pas lui, l'auteur de la magnificence de Babylone. Longtemps avant la grandeur de cet empire, voici ce que Dieu avait décidé : « C'est pourquoi, ainsi parle l'Eternel des armées, parce que vous n'avez point écouté mes paroles, j'enverrai chercher tous les peuples du septentrion, dit l'Eternel, et j'enverrai auprès de Nebucadnetsar, roi de Babylone, mon serviteur, je le ferai venir contre ce pays et contre ses habitants, et contre toutes ces nations à l'entour, afin de les dévouer par interdit, et… tout ce pays deviendra une ruine, un désert, et ces nations seront asservies au roi de Babylone pendant soixante-dix ans (Jer. 25 : 8-11 cp 27 : 1-13).

Les treize premiers versets de Jérémie 27 montrent clairement que Nebucadnetsar devait sa grandeur et sa magnificence à Dieu. Sa prédominance mondiale venait du Tout-Puissant qui avait destiné Babylone à cette fin. Ce que Babylone était devenue, n'a jamais été l'effort des hommes. Vous conviendrez avec moi, que les textes précités avilissent la folie de Nebucadnetsar, prétendant qu'il serait l'auteur de l'hégémonie du croissant fertile. Ce fut exactement pour cette raison, qu'après sa déclaration, en Daniel 4 : 30 et 31, nous voyons le Tout Puissant agir avec rapidité, afin que plus jamais, aucun être ne se laisse prendre au piège de la glorification de sa propre personne. Prenons le soin maintenant d'écrire la chose comme elle s'était produite afin que votre édification soit parfaite : « La parole était, encore dans la bouche du roi, qu'une voix descendit du ciel : Apprends, roi Nebucadnetsar, qu'on va t'enlever le royaume. On te chassera du milieu des hommes, tu auras ta demeure avec les bêtes des champs, on te donnera comme aux boeufs de l'herbe à manger ; et sept temps passeront sur toi, jusqu'à ce que tu saches que le Très-Haut domine sur le règne des hommes et qu'il le donne à qui il lui plait. Au même instant la parole s'accomplit sur Nebucadnetsar. Il fut chassé du milieu des hommes, il mangea de l'herbe comme les boeufs, son corps fut trempé de la rosée du ciel ; jusqu'à ce que ses cheveux croissent comme les plumes des aigles, et ses ongles comme ceux des oiseaux. Après le temps marqué, moi, Nebucadnetsar, je levai les yeux vers le ciel, et la raison me revint. J'ai béni le Très-Haut, j'ai loué et glorifié celui qui vit éternellement, celui dont la domination est une domination éternelle, et dont le règne subsiste de génération en génération. Tous les habitants de la terre ne sont à ses yeux que néant ; il agit comme il lui plait avec l'armée des cieux et avec les habitants de la terre, et il n'y a personne qui résiste à sa main et qui lui dise « Que fais-tu ?»

En ce temps, la raison me revint ; la gloire de mon royaume, ma magnificence et ma splendeur me furent rendues ; mes conseillers et mes grands me redemandèrent ; je fus rétabli dans mon royaume, et ma puissance ne fit que s'accroitre. Maintenant, moi, Nebucadnetsar, je loue, j'exalte et je glorifie le Roi des cieux, dont toutes les oeuvres sont vraies et les voies justes, et qui peut abaisser ceux qui marchent avec orgueil.

L'humilité n'est pas toujours ce qu'on écrit dans certains ouvrages. Parfois ceux qui en parlent exposent et développent le sujet relativement à leurs désirs et à certains de leurs rêves qui tardent à s'accomplir, et, surtout quand ils dépendent de quelqu'un pour les mettre en évidence. Ceux qui agissent ainsi finissent par oublier que la porte du futur sur terre, c'est Dieu qui l'ouvre et quand elle se ferme ici-bas elle s'ouvre dans l'éternité. L'homme, est un être nostalgique et lyrique. Lorsqu'il est bouleversé et que la raison de Dieu lui échappe un temps soit peu, il expose la nudité, la frustration et l'asservissement de son âme toujours de manière personnelle ou subjective. Dans sa prise de parole, il faut qu'on soit imprégné de la puissante grâce de Dieu pour découvrir chez celui qui prétend être humble, l'existence d'un ancien orgueil fardé par des apparences extérieures et par un comportement parodiant le sage.

Si quelqu'un désire être sage, qu'il commence par craindre Dieu (Ps. 111 : 10). La crainte du Seigneur est relative à tout ce qu'enseigne la bible. Le vrai sage ne souille pas son discours afin de recevoir une récompense ou pour obtenir ce qui lui est dû, car il est déjà riche en Christ.

L'homme sage est celui qui se tient debout contre ce qui n'est pas droit, qui sait dire non à ce qui est contraire à la volonté de Dieu, il n'est pas forcément celui qui approuve tout afin d'attirer sur lui, plus que les autres, la faveur des hommes. L'humble laisse à Dieu le soin de plaider sa cause. S'il s'efforce de prouver son humilité, il débouchera sur les avenues d'une fausse sagesse et toute sa laideur sera exposée au grand public. L'humble, malgré qu'il défend la vérité, demeure un incompris à cause de la ruse et du pouvoir destructeur que possèdent ceux qui gueulent plus fort que les autres.

Il sera calomnié, vilipendé, et peint de toutes les couleurs. Même ceux qui l'entourent, qui ont un bon sentiment à son égard parfois douteront de lui. Face à ces tones de déchets toxiques qu'on déverse sur lui, il doit garder le silence et se souvenir que devant le tribunal des impies, il n'a que Christ comme avocat.

Enfin, il existe quelque chose de noble entre l'humble et le sage, qui vaut plus que l'or et le diamant, quelque chose qui débouche sur les avenues éternelles du royaume à venir. Quand l'humilité et la sagesse sont absentes chez un être que la noblesse du châtiment divin veut restaurer, le Seigneur l'entraîne toujours sur le chemin au bout duquel se trouve la confession. Donc, la confession de Nebucadnetsar est un cadeau sublime qui nous permet de comprendre que, lorsque nous nous emparons de la gloire de Dieu, nous expérimenterons la défaite et un abaissement humiliant… C'est la déception ou une triste avanie pour tous ceux qui agissent ainsi.

CHAPITRE X

L'ERREUR DE JOSUE: OUBLI OU HABITUDE?

La prise de Jericho est le resultat d'une strategie infaillible, et, dans ce contexte le stratège ne peut être que notre Dieu tout puissant. Normalement au cours d'une guerre, il y a toujours dans les deux camps des pertes considerables en vies humaines, cependant quand Jericho tomba, on ne compta aucune victime dans le camp d'Israël. Seulement le Seigneur pouvait rassurer les femmes dont les maris etaient sur les champs de bataille, qu'elles ne seraient pas veuves apres le combat.

Malheureusement cette victoire trop facile a conduit Josué à la déraison. Il n'avait pas compris qu'après cet ecrasant et merveilleux triomphe, la suite des évènements devrait dépendre de Dieu.

Certains soutiennent qu'avant d'affronter Aï, il avait oublié que ce fut le tout puissant qui renversa la muraille de Jericho. Unanimment, on soutient que l'oubli n'existe pas, et, ce qu'on appelle « oubli » est relatif aux évènements vécus, cachés ou stokés dans le subconscient et qui finiront un jour ou autre par refaire surface. Chacun devrait être constamment sur ses gardes, afin de ne pas se sentir trop ami de Dieu. Pourquoi ? Parce que c'est un sentiment de fierté qui, toujours, nous pousse à jouir d'une trop grande liberté en ce qui concerne certaines de nos decisions ministerielles. C'est un peu comme jouer avec légèreté, parce qu'on se sait infaillible sur les frontières de la sanctification. Le désastre que cela provoquera finira par nous amener à la réalité. On finira en plus par comprendre que baguenauder sur les frontières de la sainteté, peut nous conduire à negliger quelques normes qui, parmi tant d'autres avaient pour but de nous maintenir ferme, et que cet esprit de sécurité n'était autre qu'une mégalomanie sprirituelle ; enfin une illusion. Nos actions de grâce devraient être des discours persuasifs. Elles devraient afficher aux yeux de tous, que pour aboutir à ce resultat, nous n'avions rien fait dans le passé, et que c'est en raison de cela, qu'aujourd'hui, nous disons merci et célébrons l'auteur de nos victoires. Chaque soldat devrait savoir qu'il doit ses succès à Dieu seul, mais pas à lui-même.

Il est bon pour nous d'avoir Dieu comme sauveur et ami, mais il est aussi bon de veiller à le consulter, même lorsqu'il s'agit de prendre la plus petite decision. Celui qui sait cela experimentera une vie remplie d'actions de grâce. Parfois ne pas le consulter, pourrait être un « oubli involontaire ». Cependant, quand nous récidivons, cela pourrait porter plus d'un à croire qu'il s'agit d'un culte rendu à notre personne, ou si vous préférez chers lecteurs, d'un culte de glorification personnelle. Je ne vis aucune action de grâce après la prise de Jericho (Jo 6 :1-27), si ce ne fut Josué qui jura en ces termes : « Maudit soit devant l'Eternel l'homme qui se lèvera pour rebatir cette ville de Jericho ! Il en jettera les fondements au prix de son premier-né, il en posera les portes aux prix de son plus jeune fils » (Jos 6 :26).

Pour entamer la conquete d'Aï, Josué s'était appuyé sur trois choses :

a) Le rapport des espions (Jo.7 : 2).
b) Le nombre insignifiant de la population d'Aï (Jo.7 :3).
c) La force de ses bras (Jo.7 :3-4).

Aï, qui est situé près de Beth-Aven, à l'orient de Béthel Jo.7 :2, n'était pas une ville aussi puissante et aussi bien barricadée que Jericho. Nous, qui sommes enfants de Dieu, devrions comprendre, que l'objectif devant nous, qu'il soit grand ou petit, n'est pas à notre portée. Ce que j'insinue ici est que nous ne pouvons pas *bâtir* l'oeuvre de Dieu, faire la conquête d'une ville pour le Seigneur, en nous basant sur le rapport de quelques espions. Donc entre Dieu et les espions, il est facile de voir que Josué choisit de suivre les directives des hommes qu'il avait envoyés, afin d'espioner ce pays.

Deuxiement : Josué voyait Aï comme une petite ville, un petit pays qui n'était pas un danger pour *Israël*.

Il y manquait tellement de tout, que, s'appuyant sur le rapport orgueilleux des espions, trois mille hommes seulement suffiraient pour s'emparer d'Aï, et qu'on n'avait pas besoin de faire marcher toute l'armée.

Troisiement : le rapport des espions, le nombre insignifiant des gens d'Aï, l'avait obligé à croire en la force de ses bras, et ce fut là son échec. Voici ce que dit la Bible : « Trois mille hommes environ se mirent en marche, mais ils prirent la fuite devant les gens d'Aï. Les gens d'Aï leur tuèrent environ trente six hommes ; ils les poursuivirent depuis la porte jusqu'à schebarim, et les battirent à la descente. Le peuple fut consterné et perdit courage.

Quand on va en guerre sans le support de Dieu, Tout ce qu'on enregistre, ne peut être qu'un desastre inconcevable. Lorsque Josué apprit qu'Israël avait été battu, il dechira ses vêtements, et se prosterna jusqu'au soir le visage contre terre devant l'Arche de l'Eternel, lui et les anciens d'Israël et ils se couvrirent la tête de poussière. Ce fut seulement à ce moment là que Josué se souvint que ce fut l'Eternel qui avait les directives de la guerre d'Israël contre Jericho (Jo 5 :13-15, cp Jo 6 :1 et ss), et que cela aurait du se répéter de la même manière.

Le victorieux est pareil à une paille que les vagues de la rivière en crue entrainent irresistiblement à l'embouchure. Les flots de louange sont des venins qui détruisent les vainqueurs imprudents. Ces moments d'îvresse leur font souvent oublier que Dieu est la cause et le sujet de leur victoire. Après la prise de Jericho, Josué soutient que l'Eternel fut avec lui et sa renommée se répandit dans tout le pays. Renommée et célébrité, si on ne veille pas où on met les pieds finissent toujours par nous catapulter dans les tenèbres de la disgrâce et dans l'amertume de la défaite. Un peu plus tard, Josué commettra cette même erreur dans l'affaire des Gabaonites (Jo. 9 :1-27). Même lorsque le soleil resplendit à son zénith, il est difficile à l'homme seul de trouver son chemin. L'homme ne sait pas où il va, et en depit de cela, il se glorifie bêtement pour chacune de ses victoires dont Dieu en est la cause. Le fruit de l'humilité vient de la crainte de l'Eternel. Rester indifferent face à ce qui est contraire à la justice de Dieu, ne fait pas de vous un pratiquant de l'humilité, mais plutôt un allié de la fausseté. L'humble, souffre sans être complice de qui que ce soit, attendant patiemment que s'accomplisse en sa faveur la justice du Seigneur. L'humble n'est pas violent, il n'est pas médisant ni non plus calomniateur. Il est plutôt tendre, tempéré et moderé. Le feu destructeur n'est pas sur ses lèvres. Il ne se met pas en chemin avec d'autres pour se faire vengeance. Il ne contredit pas les écritures pour assouvir sa soif de vengeance, car il sait qu'agir ainsi le conduira ou pourrait le projeter aux creusets des oubliettes de la perdition éternelle.

Ad majorem Dei gloriam !

BIOGRAPHIE

Grand Père Eritoine L. Jeune, originaire de Mirebalais fut pendant longtemps suppléant juge dans cette ville magnifiquement boisée et arrosée par deux grands fleuves qui sont : "L'Artibonite et la Tombe". Quand l'age fut venu pour Eritoine de prendre femme, il épousa Pamela Bernado et de cette union naquit Homere B. Lejeune qui à son tour engendra son premier fils dont le nom est Marcus J. A. B. Lejeune.

Quatre ans plus tard, survinrent des persécutions politiques contre cette famille qui dut fuir Port au Prince afin de se terrer dans un petit coin perdu du Plateau Central appelé Bintouribe. Le régime sanguinaire de 1957 voulait mettre un terme à la vie d'Homère B. Lejeune parce qu'il ne voulait pas se placer sous ses ordres.

Ainsi, afin d'échapper à la tyrannie du président de l'époque en 1964, Homère fut obligé de partir en exile. Il restu 10 ans à Santo Domingo (San Juan de la Maguana), la terre des ancêtres de ma grand-mère. Dix ans plus tard, il revint au pays dans la clandestinité et se rendit compte que Marcus avait grandi sous la parfaite protection de Pamela et de sa fille Marthe. Sa tante Solange, petite soeur de Marthe, financa ses etudes primaires et classiques.

Devenu plus tard Professeur et Prédicateur de l'Evangile, Marcus rentra en 1988 au séminaire biblique et théologique de Bolosse dont l'annexe est à nazon. Cette branche annexée de Bolosse était dirigée à l' époque par le docteur Claude Noel, pasteur Bernard René, et le doyen Elysé.

Après sa graduation en 1991, il fonda à carrefour la première Église Pentecostale de la Dernière Heure, le 27 Août 1993. Aujourd' hui, ces églises sont au nombre de 13. On les retrouve à Boston, à Queens, à Paris, à Santo Domingo et en Haïti. L' édification de ses églises et l'expérience des jours heureux et mauvais permirent à l' évêque Marcus J.A.B. Lejeune de mieux comprendre la bonté, la vilenie et les méandres dévastateurs du coeur humain. Aujourd'hui par la grâce de Dieu, il peut aisément établir le distingo entre la mesquinerie quasi invisible du faux dévouement et l'appel véritable de Dieu..

Sa communion avec Dieu et les réminiscences funestes du passé font aujourd'hui de lui un esclave de Dieu avisé et prudent. Il a compris, enfin, qu'avant de commencer à planifier, le serviteur précautionneux devrait d'abord se rendre à la sainte montagne de Dieu. La manifestation de la puissance du Christ au sein de la Dernière Heure permet aujourd'hui encore à ceux qui sont membres de dire comme par le passé : "Les aveugles voient, les boiteux marchent, les malades sont purifiés, les sourds entendent, les morts ressuscitent et la bonne nouvelle est annoncée aux pauvres" (Matthieu 11 : 4 - 5).

www.ingramcontent.com/pod-product-compliance
Lightning Source LLC
LaVergne TN
LVHW090929250826
846485LV00002B/25
9798886401738